Impressum
Verlag: BABADADA GmbH, Neddersfeld 112 , 22529 Hamburg
Geschäftsführer / Verlagsleitung: Harald Hof
Druck: Books on Demand GmbH, In de Tarpen 42, 22848 Norderstedt

Imprint
Publisher: BABADADA GmbH, Neddersfeld 112 , 22529 Hamburg, Germany
Managing Director / Publishing direction: Harald Hof
Print: Books on Demand GmbH, In de Tarpen 42, 22848 Norderstedt, Germany

تولګی
el aula

تقسیم
dividir

186/2

بورډ
la pizarra

د ښوونخي حویلی
el patio

ښوونکی
el maestro/a

ورق
el papel

لیکل
escribir

قلم
el بولیgraفو
el bolígrafo

ډیسک
el escritoria

خط کش
la regla

کتاب
el libro

زده کونکی
el alumno/a

کڅوړه
la cartera

د پنسل بکسه
la caja de lápices

پنسل
el lápiz

پنسل تراش
el sacapuntas

ربړ
la goma de borrar

د رسامۍ پاڼه
el cuaderno de dibujo

رسامي

el dibujo

د نقاشی برس

el pincel

د نقاشی بکس

la caja de pinturas

قیچي

las tijeras

سریش

el pegamento

د تمرین کتاب

el cuaderno de ejercicios

کورنۍ دنده

los deberes

شمیر

el número

$2+2$

جمع

sumar

$5-2$

منفي

restar

2×2

ضرب

multiplicar

حساب

calcular

A

توری

la letra

ABCDEFG
HIJKLMN
OPQRSTU
VWXYZ

الفبا

el alfabeto

hello

کلمه

la palabra

متن

el texto

لوستل

leer

تباشیر

la tiza

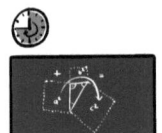

درس

la lección

راجستر

el cuaderno de notas

ازموینه

el examen

تصدیق پاڼه

el certificado

د ښوونځي یونیفارم

el uniforme

تعلیم

la educación

دایرة المعارف

la enciclopedia

پوهنتون

la universidad

مایکروسکوپ

el microscopio

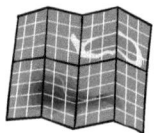

نقشه

el mapa

اشغالدانی

la papelera

سفر

el viaje

Grand
هوټل
el hotel
ليليه
el albergue
ROOMS
EXCHANGE
د اسعارو د تبادلې د
oficina de cambio de divisas
بکس
la maleta
موټر
el coche

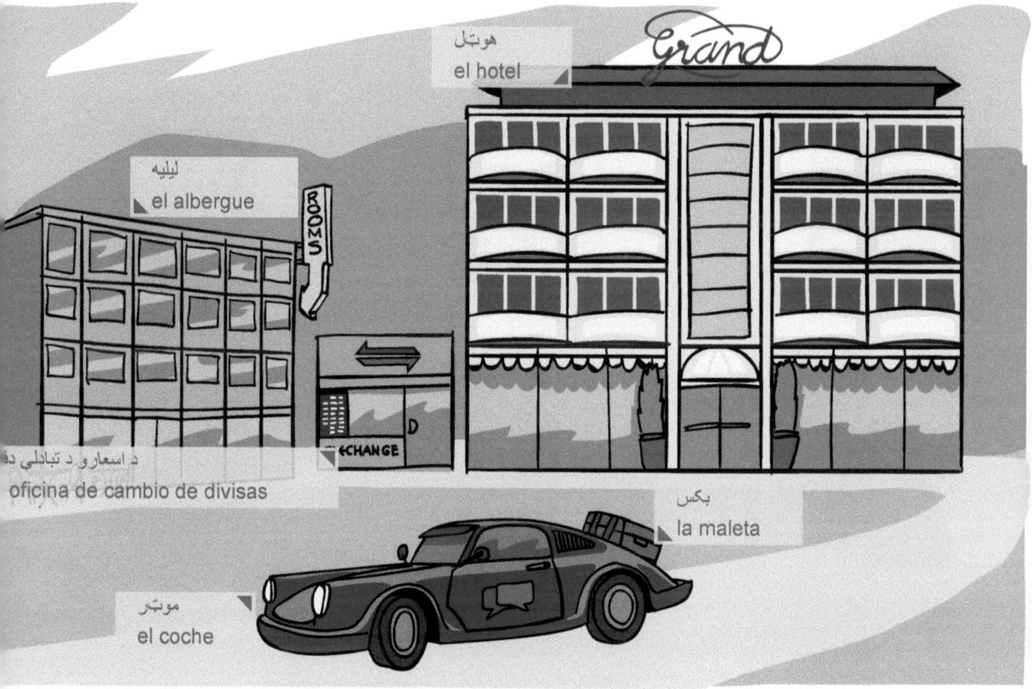

ژبه
el idioma

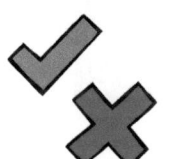

هو/نه
sí / no

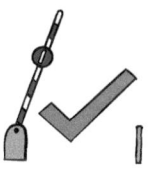

سمه ده
Vale

سلام
hola

ژباړونکی
el traductor

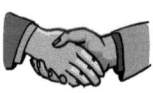

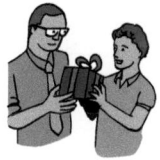

مننه
Gracias

څومره دي...؟

¿cuánto es...?

زه نه پوهېږم

No entiendo

ستونزه

el problema

ماښام مو پخیر!

¡Buenas tardes!

سهار په خیر!

¡Buenos días!

شپه په خیر!

¡Buenas noches!

په مخه مو ښه

adiós

لارښود

la dirección

سامان

el equipaje

بیگ

la bolsa

شاتنی بکس

la mochila

میلمه

el invitado

خونه

la habitación

د خوب کڅوړه

el saco de dormir

خیمه

la tienda de campaña

د توریزم معلومات

la información turística

ساحل

la playa

کریدیت کارت

la tarjeta de crédito

ناری

el desayuno

د غرمي خواړه

el almuerzo

د شپې خواړه

la cena

ټیکټ

el billete

لفټ

el ascensor

مهر

el sello

پوله

la frontera

ګمرک

la aduana

سفارت

la embajada

ویزه

la visa

پاسپورټ

el pasaporte

تر انسپورت

el transporte

الوتكه — el avión

بيرى — el barco

د اور ماشين — el coche de bomberos

بس — el autobús

تـرک — el camión

مونتركښتۍ — la lancha a motor

باېک — la bicicleta

موتر — el coche

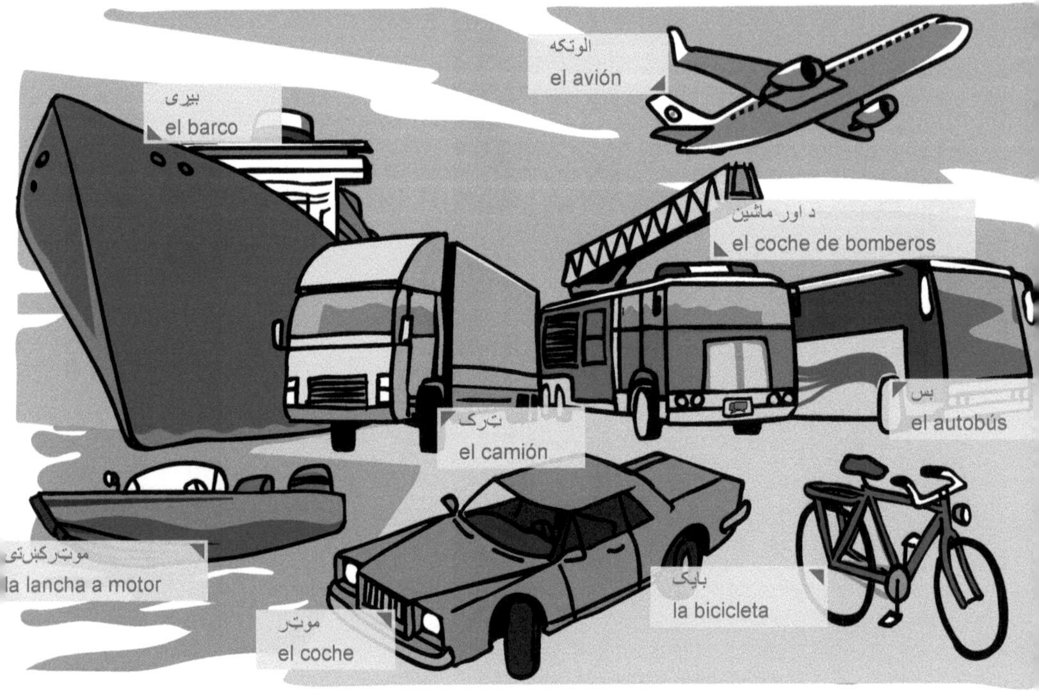

کښتۍ
el transbordador

کښتۍ
la barca

موترسايکل
la moto

د پوليسو موتر
el coche de policía

د ريس موتر
el coche de carreras

کرايى موتر
el coche de alquiler

8

تـرانسپورت - el transporte

د کرايه موټري
....
el préstamo de vehículos

جرثقیل لرونکي ټرک
....
la grúa

ريفيوز ټرک
....
el camión de la basura

موټر
....
el motor

سونگ ټوکي
....
la gasolina

پترول ستيشن
....
la gasolinera

ترافيکي نښه
....
la señal de tráfico

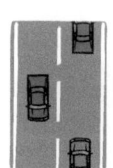

ترافيک
....
el tráfico

جام ترافيک
....
el atasco

د موټرو تمځای
....
el aparcamiento

د ريل ستيشن
....
la estación de tren

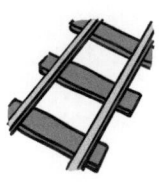

پټلکي
....
las vías

ريل
....
el tren

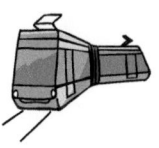

ټرام
....
el tranvía

واګون
....
el vagón

چورلکه
el helicóptero

هوايي ډګر
el aeropuerto

برج
la torre

مسافر
el pasajero

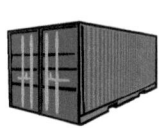

کانټينر
el contenedor

کارتون
la caja de cartón

کارت
la carretilla

ټوکرۍ
la cesta

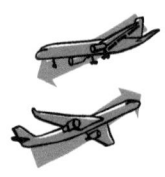

الوتنه کول/کښېناستل
despegar / aterrizar

ښار

la ciudad

کلی
el pueblo

د ښار مرکز
el centro de la ciudad

کور
la casa

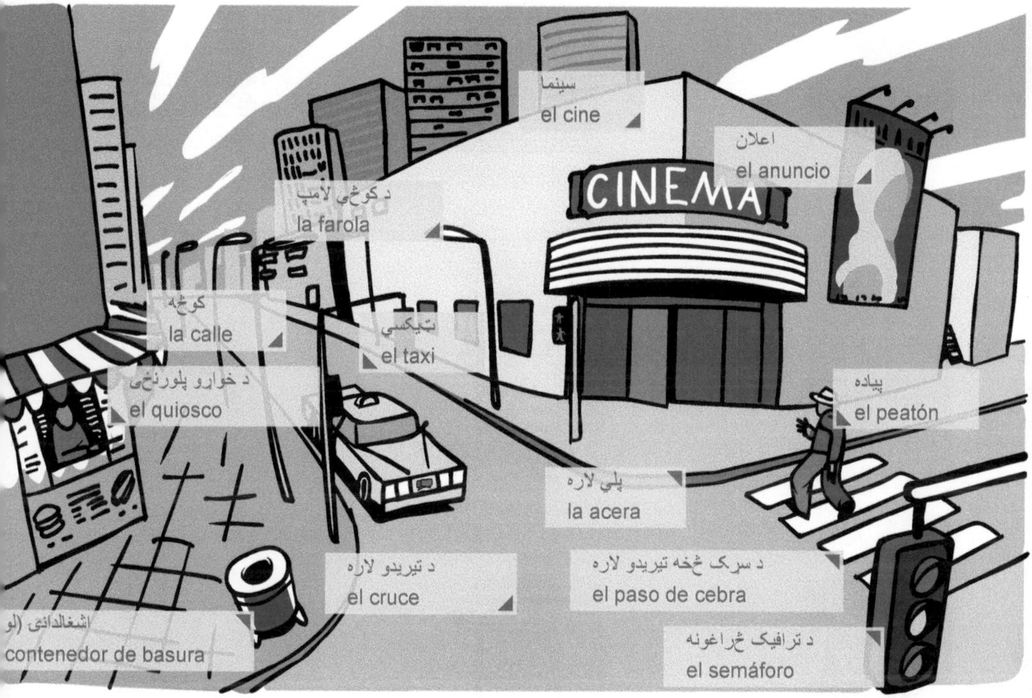

سینما
el cine

اعلان
el anuncio

د کوڅې لامپ
la farola

كوڅه
la calle

ټیکسي
el taxi

د خوارو پلورنځی
el quiosco

پیاده
el peatón

پلي لاره
la acera

د تیریدو لاره
el cruce

د سرک څخه تیریدو لاره
el paso de cebra

اشغالدانۍ (لو
contenedor de basura

د ترافیک څراغونه
el semáforo

CINEMA

کودله
la cabaña

اپارتمان
el apartamento

د ریل ستېشن
la estación de tren

ښارون هال
el ayuntamiento

میوزیم
el museo

ښوونځی
la escuela

پوهنتون

la universidad

بانک

el banco

روغتون

el hospital

هوټل

el hotel

درملتون

la farmacia

دفتر

la oficina

کتاب پلورنځی

la librería

پلورنځی

la tienda de campaña

د ګلانو پلورنځی

la floristería

لوی پلورنځی

el supermercado

مارکیت

el mercado

د ډیپارټمنټ سټور

los grandes almacenes

کب پلورنځی

la pescadería

د پلور مرکز

el centro comercial

لنګرتون

el puerto

پارک
....
el parque

بینچ
....
el banco

پل
....
el puente

زينه
....
las escaleras

د ځمکي لاندی
....
el metro

تونل
....
el túnel

بس ټمځای
....
la parada de autobús

بار
....
el bar

ريسټورانت
....
el restaurante

پوست بکس
....
el buzón

د کوڅي نښه
....
el poste indicador

د پارک کولو ميټر
....
el parquímetro

ژوبڼ
....
el zoo

د لامبو حوض
....
la piscina

مسجد
....
la mezquita

كرونده
....
la granja

ناپاکي
....
la contaminación

هدیره
....
el cementerio

چرچ
....
la iglesia

د لوبو ډګر
....
el patio de juego

معبد/کلیسا
....
el templo

منظره

el paisaje

پاڼه
la hoja

د لارښوونې نښه
la señal

لاره
el camino

چمن
el prado

کاڼی
la piedra

ونه
el árbol

هیکر
el excursionista

سیند
el río

واښه
la hierba

ګل
la flor

دره
....
el valle

غوندی
....
la colina

ناور
....
el lago

ځنګل
....
el bosque

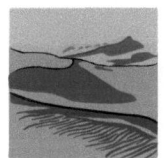

دښته
....
el desierto

اورشیندی
....
el volcán

كلا
....
el castillo

رنګین کمان
....
el arcoíris

مرخيږي
....
el champiñón

پلم ونه
....
la palmera

ماشي
....
el mosquito

الوتل
....
la mosca

مېږدی
....
la hormiga

مچی
....
la abeja

غوندل/جولا
....
la araña

كۆنگىت

el escarabajo

چونگبشە

la rana

نولى

la ardilla

زىرىكى

el erizo

سوى

la liebre

كۆنگ

la lechuza

مرغى

el pájaro

قازە

el cisne

نەرخوك

el jabalí

هوسى

el ciervo

گاوزە

el alce

بند

la presa

بادي توربين

la turbina eólica

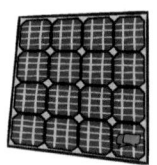

سولر تختى

el panel solar

اقليم

el clima

ريسټورانټ
el restaurante

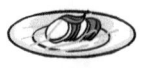

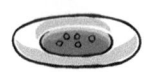

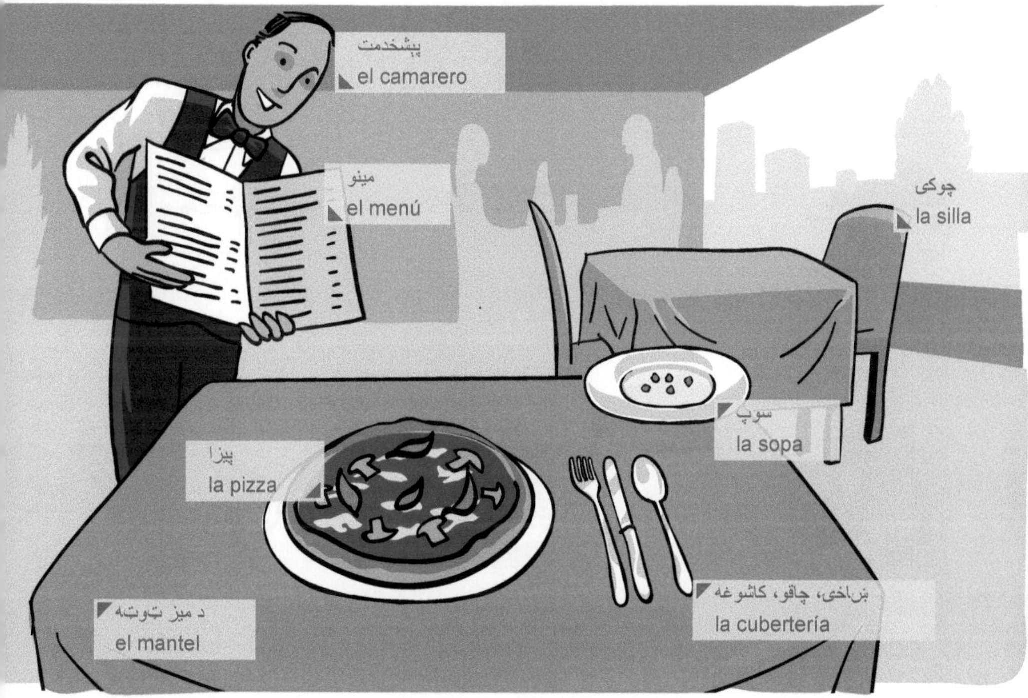

پيشخدمت
el camarero
مينو
el menú
چوکۍ
la silla
سوپ
la sopa
پيزا
la pizza
د ميز ټوټه
el mantel
بڼاخې، چاقو، کاشوغه
la cubertería

سټارټر

....

el primer plato

اصلي خواړه

....

el plato principal

شيرني

....

el postre

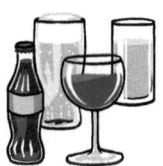

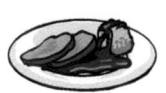

څښاک

....

las bebidas

خواړه

....

la comida

بوتل

....

la botella

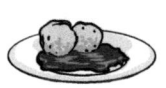

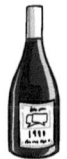

فاسټ فوډ

la comida rápida

د کوڅي خواره

la comida callejera

چای جوش

la tetera

قندانی

el azucarero

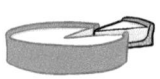

برخه

la porción

اسپرسو مشين

la cafetera expreso

لوړه چوکی

la trona

رسيد

la cuenta

مجمه

la bandeja

چاکو

el cuchillo

پنجه

el tenedor

قاشق

la cuchara

چای قاشق

la cucharilla

سورويت

la servilleta

ګلاس

el vaso

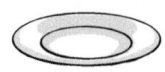

پلیټ

el plato

د سوپ پلیټ

el plato hondo

نالبکی

el platillo

ساس

la salsa

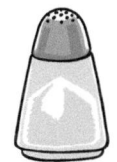

مالګه شیندونکی

el salero

د مرچ ټنکولو لوخی

el molinillo de pimienta

سرکه

el vinagre

غوري

el aceite

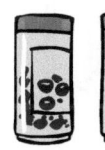

مساله

las especias

کچ اپ

el ketchup

ښرشم

la mostaza

چکه

la mayonesa

لوی پلورنځی

el supermercado

ځانګړی وړاندیز
la oferta especial
FOR
پیرودونکی
el cliente
لبنیات
los lácteos
میوه
la fruta
لاسي ګړخ
el carro de compra

BUTCHERS

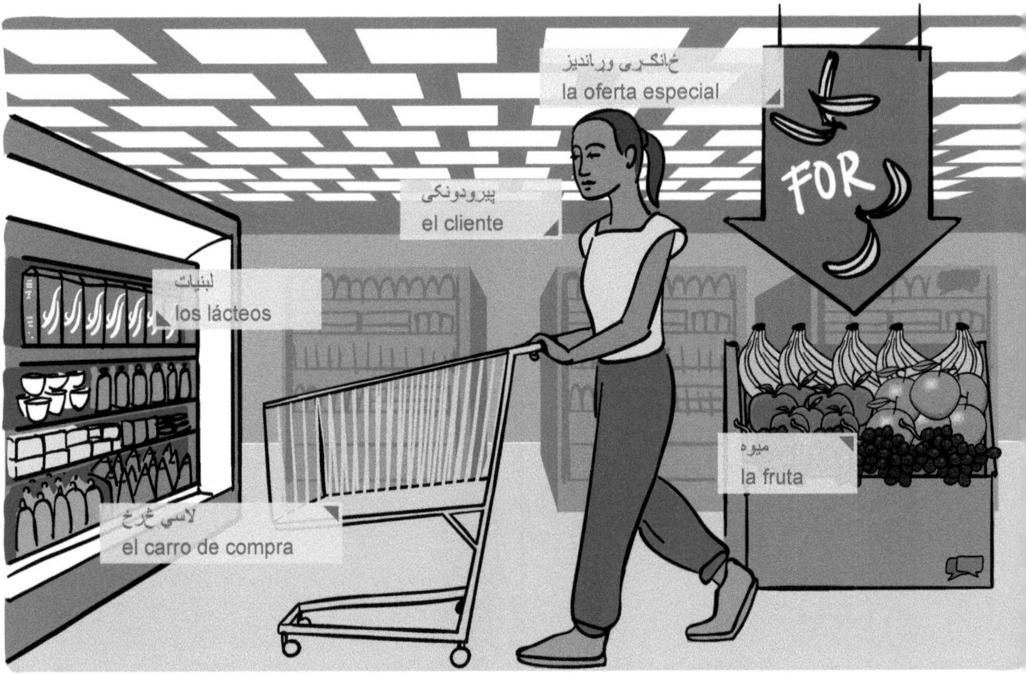

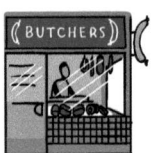

قصابي

....

la carniceria

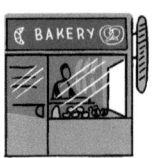

BAKERY

نانوایی

....

la panadería

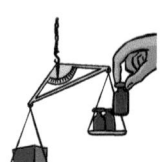

وزن کول

....

pesar

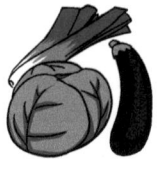

سبزیجات

....

las verduras

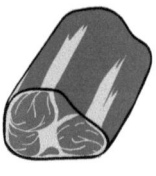

غوښه

....

la carne

کنګل خواړه

....

los alimentos congelados

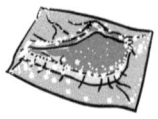

يخه غوښه

los fiambres

كنسروا خواره

las conservas

د مينځلو پودر

el detergente en polvo

شيريني

los dulces

كورني توليدات

productos de uso doméstico

د پاكولو محصولات

productos de limpieza

د پلور فرد

la vendedora

د نغدي راجستر

la caja de cartón

صراف

el cajero

د پيرود ليست

la lista de la compra

كاري ساعتونه

el horario de atención al público

بټوه

la cartera

كريديټ كارت

la tarjeta de crédito

كڅوړه

la bolsa de plástico

پلاستيک كڅوړه

la bolsa de plástico

las bebidas

اوبه

el agua

جوس

el zumo

شیده

la leche

کوک

la cola

واین

el vino

بیر

la cerveza

الکول

el alcohol

ککاو

el cacao

چای

el té

کافي

el café

أسپرسو

el expreso

کپچینو

el capuchino

كيله

el plátano

من‌ه

la manzana

نارنج

la naranja

هندوانه

el melón

ليمو

el limón

گازره

la zanahoria

هوږه

el ajo

بانکس

el bambú

پياز

la cebolla

مرخيړي

el champiñón

چغزى

las avellanas

آش

los fideos

سپیگتي
....
las espagueti

وریجي
....
el arroz

سلاد
....
la ensalada

چپس
....
las patatas fritas

سره کري کچالو
....
las patatas fritas

پیزا
....
la pizza

همبرګر
....
la hamburguesa

ساندویچ
....
el sándwich

کتره
....
el filete

د پتون غوښه
....
el jamón

سلمي
....
le salami

ساسج
....
la salchicha

چرګ
....
el pollo

روست
....
el asado

کب
....
el pescado

د وربشی شیرني

los copos de avena

موسلي

el muesli

د جوار پلی

los copos de maíz

اوړه

la harina

کروسانت

el cruasán

د ډوډی رول

el panecillo

ډوډی

el pan

ټوسټ

la tostada

بسکیت

las galletas

کوچ

la mantequilla

چکه

la cuajada

کیک

el pastel

هګی

el huevo

پخسی هګی

el huevo frito

پنیر

el queso

آيس كريم
....
el helado

بوره
....
el azúcar

شهد
....
la miel

مربا
....
la mermelada

نوكات كريم
....
la crema de turrón

كوركمان
....
el curry

کرونده

la granja

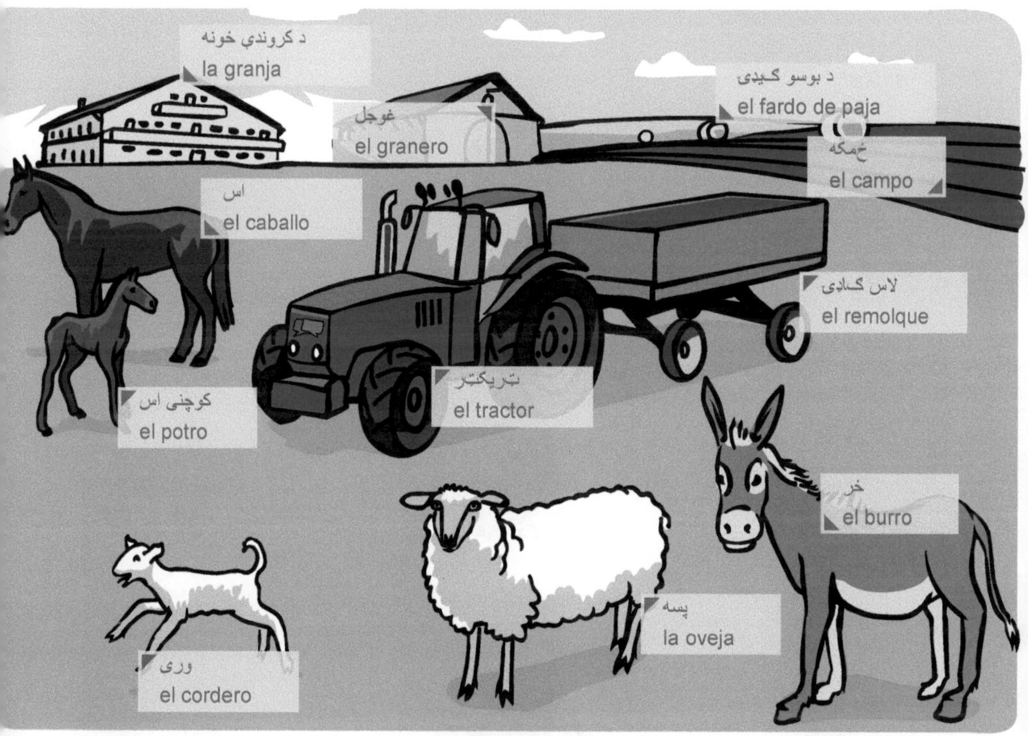

د کروندي خونه
la granja
غوجل
el granero
د بوسو ګیډۍ
el fardo de paja
ځمکه
el campo
اس
el caballo
لاس ګاډی
el remolque
ټریکټر
el tractor
کوچنی اس
el potro
خر
el burro
پسه
la oveja
وری
el cordero

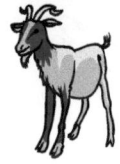

وزه

la cabra

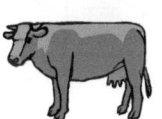

غوا

la vaca

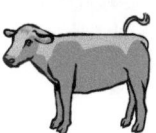

خوسکی

el ternero

خوګ

el cerdo

د خوګ بچی

el cerdito

غويی

el toro

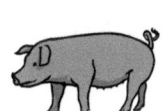

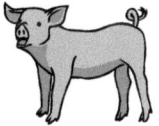

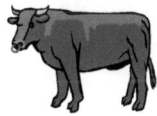

بتﻪ

el ganso

ﻫﻴﻠﯽ

el pato

ﭼﺮﮔﻮﺭﯼ

el pollo

ﭼﺮﮐﻪ

la gallina

ﺑﺎﻧﮕﯽ

el gallo

ﺳﺎﺭﺍﯼ ﻣﻮﺮﮎ

la rata

ﭘﯿﺸﮏ

el gato

ﻣﻮﺮﮎ

el ratón

ﻏﻮﯾﯽ

el buey

ﺳﭙﯽ

el perro

ﺩ ﺳﭙﯽ ﺧﻮﻧﻪ

la perrera

ﺩ ﺑﺎﻍ ﻫﻮﺯ

la manguera

ﺩ ﺍﻭﺑﻮ ﻟﻮﺧﯽ

la regadera

ﻟﻮﺭ (ﺩﺍﺱ)

la guadaña

ﯾﻮﯼ

el arado

لور

la hoz

رمبی

la azada

بڼاخی

la horca

تبر

el hacha

کراچی

la carretilla

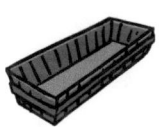

ناوه

el abrevadero

د شیدو لوخی

la lechera

جوال

el saco

کتاره

la valla

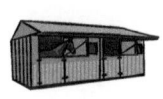

مضبوط

el establo

شنه خونه

el invernadero

خاوره

el suelo

تخم

la semilla

سره/کود

el fertilizador

گد ریبونکی ماشین

la cosechadora

زيرمه کول
cosechar

درمند
la cosecha

خواره کچالو
el ñame

غنم
el trigo

سويا
el soja

کچالو
la patata

جوار
el maíz

نباتي تخم
la semilla de colza

د ميوي ونه
el árbol frutal

مانيوک
la mandioca

غله
las cereales

درشه
la chimenea

بام
el tejado

ناودان
el canالون

کرکی
la ventana

کراج
el garaje

د دروازی زنگ
el timbre

دروازه
la puerta

اشغالدانۍ
el cubo de basura

د لیک بکس
el buzón

باغ
el jardín

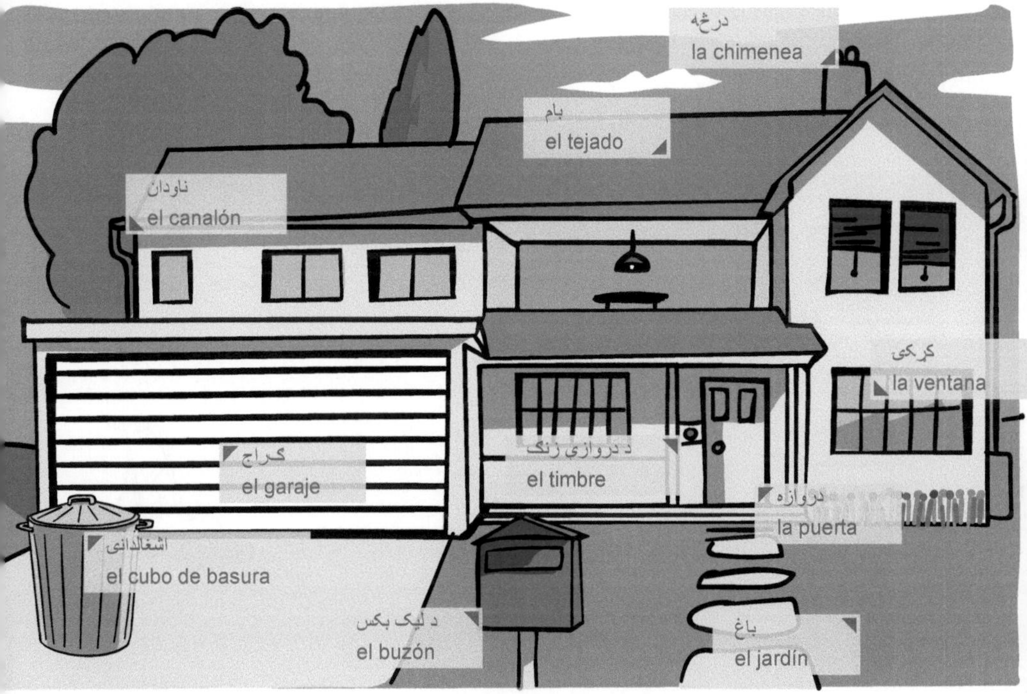

د اوسیدو خونه

la sala

حمام

el cuarto de baño

پخلنځۍ

la cocina

د ویده کیدو خونه

el dormitorio

د ماشوم خونه

la habitación de los niños

د خوارو خونه

el comedor

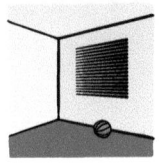

فرش

el suelo

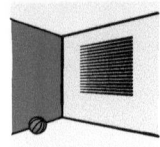

ديوال

la pared

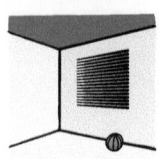

چت

el techo

زيرخانه

el sótano

سونا

la sauna

بالكوني

el balcón

تراس

la terraza

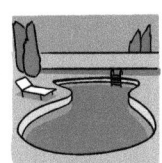

حوض

la piscina

د چمن وهلو ماشين

el cortacésped

شيت

la sábana

روجايی

la colcha

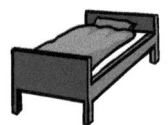

تخت

la cama

جارو

la escoba

بوكه

el balde

سويچ

el interruptor

د اوسیدو خونه

la sala

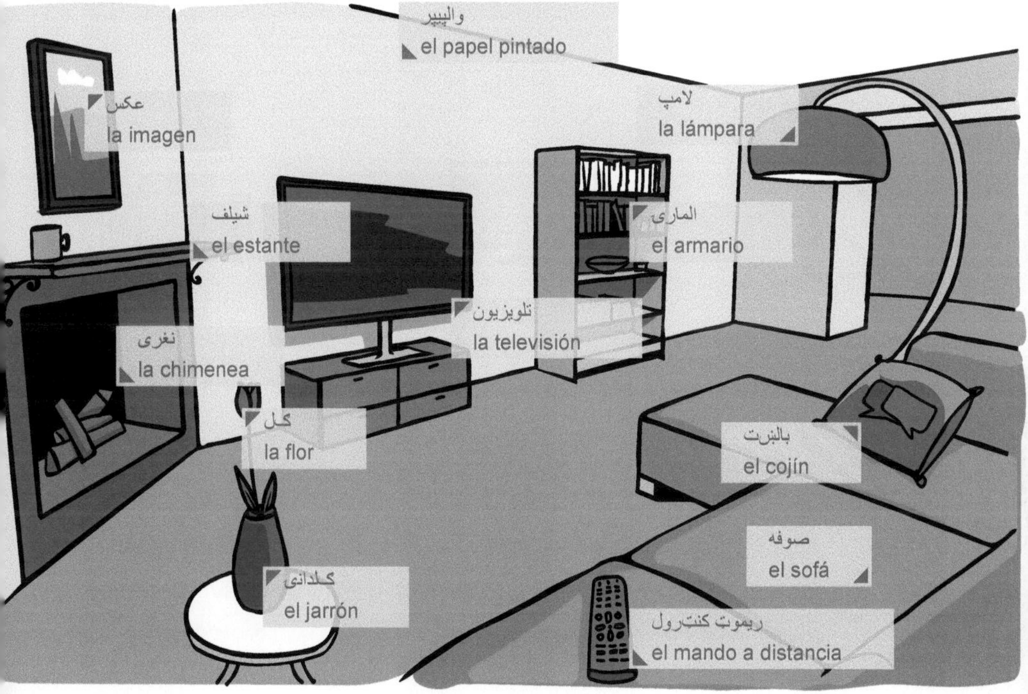

والپیپر
el papel pintado
عکس
la imagen
لامپ
la lámpara
شیلف
el estante
الماری
el armario
تلویزیون
la televisión
نغری
la chimenea
ګل
la flor
بالښت
el cojín
صوفه
el sofá
ګلدانۍ
el jarrón
ریموټ کنټرول
el mando a distancia

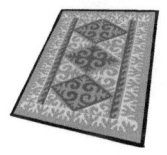

غالۍ

la alfombra

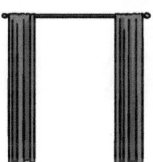

پرده

la cortina

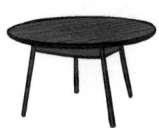

میز

la mesa

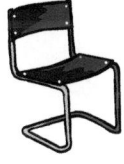

چوکۍ

la silla

تاویدونکي چوکۍ

el mecedora

بازو لرونکې چوکۍ

la butaca

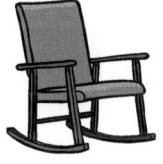

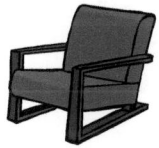

كتاب
....
el libro

كمپل
....
la manta

ديكوريشن
....
la decoración

د اور لرګي
....
la leña

فلم
....
la película

هايفاى
....
el equipo de música

كلي
....
la llave

ورځپانه
....
el periódico

نقاشي
....
la pintura

پوسټر
....
el póster

راديو
....
la radio

كتابچه
....
el cuaderno

واكيوم جارو
....
la aspiradora

كاكتوس
....
el cactus

شمع
....
la vela

پخلنځی

la cocina

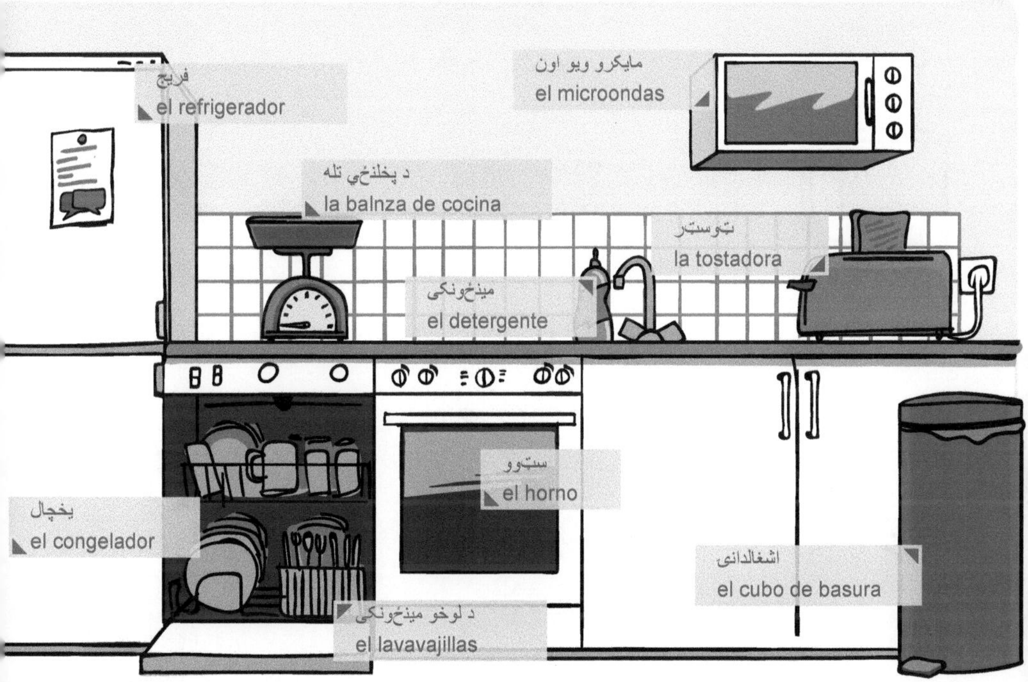
فریج
el refrigerador
مایکرو ویو اون
el microondas
د پخلنځي تله
la balnza de cocina
ټوستر
la tostadora
مینځونکی
el detergente
سټوو
el horno
یخچال
el congelador
اشغالدانی
el cubo de basura
د لوخو مینځونکی
el lavavajillas

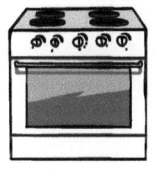

دیګ بخار

la olla a presión

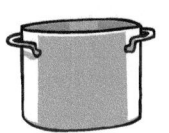

لوخی

la olla

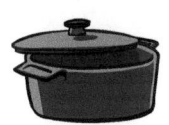

چدني لوخی

la olla de hierro fundido

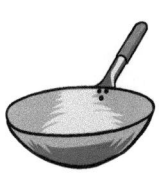

ووک

el wok

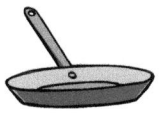

د تلي په

la cazuela

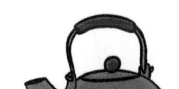

چای جوش

el hervidor

د بخار ديگ
....
la vaporera

پتنوس
....
la chapa de horno

لوخي
....
la vajilla

مگ
....
la taza

كاسه
....
el tazón

د رانيولو اوزار
....
los palillos

ټمڅی
....
el cucharón

كفګير
....
la espumadera

پاكونكی
....
el batidor

صافي
....
el colador

غلبيل
....
el cedazo

ګريتر
....
el rallador

اونگ
....
el mortero

بار بي كيو
....
la barbacoa

خلاص اور
....
la hoguera

تخته

la tabla de picar

هوارونکی

el rodillo

کارک سکريو

el sacacorchos

ټيم

la lata

د ټيم خلاصونکی

el abrelatas

د لوخي نټوتړه

el agarrador

ظرف شوی

el lavabo

برس

el cepillo

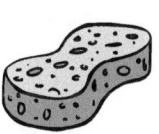

سپنج

la esponja

بلیندر

la batidora

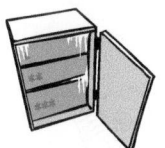

ژور یخچال

el congelador

د ماشوم بوتل

el biberón

نل

el grifo

el cuarto de baño

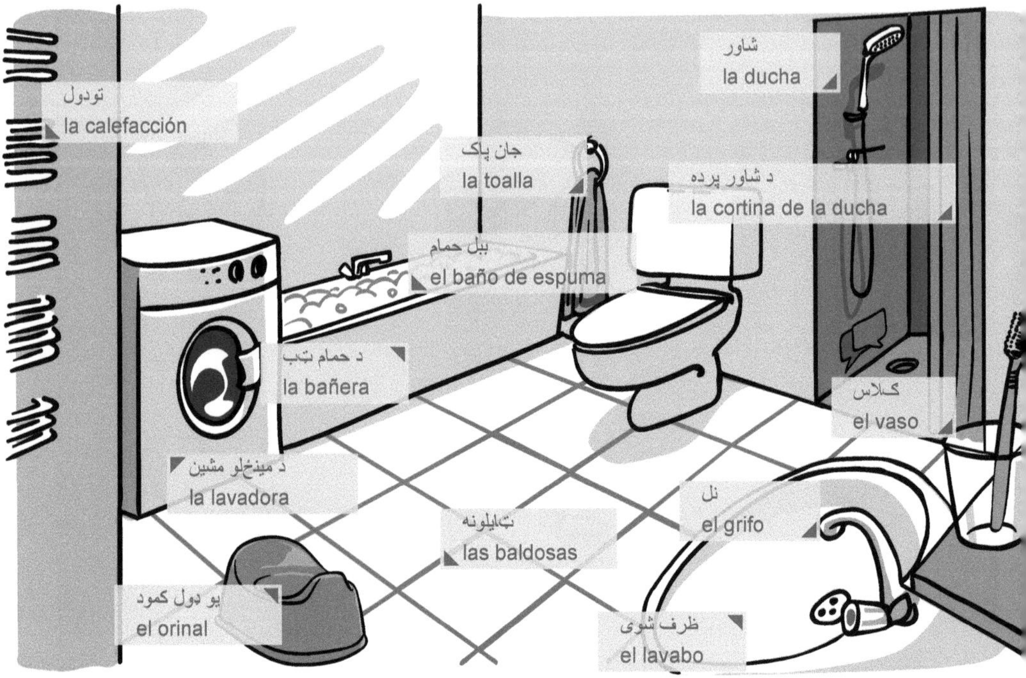

تودول
la calefacción

شاور
la ducha

جان پاک
la toalla

د شاور پرده
la cortina de la ducha

بېل حمام
el baño de espuma

د حمام نـتب
la bañera

كـلاس
el vaso

د مينځلو مشين
la lavadora

نـتايلونه
las baldosas

نل
el grifo

يو بول كمود
el orinal

ظرف شوى
el lavabo

تشناب
el inodoro

فرشي كمود
el inodoro rústico

كمود
el bidé

د متيازو خای
el urinario

تشناب كاغذ
el papel higiénico

د تشناب برس
la escobilla del váter

د غاښونو برس

el cepillo de dientes

د غاښونو کریم

la pasta de dientes

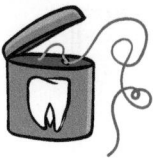

د غاښونو نخ

el hilo dental

مینځل

lavar

لاسي شاور

la ducha de mano

دوش

la ducha íntima

خانک

la pila

د شا برس

el cepillo de espalda

صابون

el jabón

د شاور ژل

el gel de ducha

شامپو

el champú

فلانل جامه

la toallita

وچول

el desagüe

کریم

la crema

سپری

el desodorante

آینه
....
el espejo

لاسي آینه
....
el espejo de tocador

ریزر
....
la maquinilla de afeitar

د خریلو فوم
....
la espuma de afeitar

د خریلو وروسته
....
la loción postafeitado

ګمنځ
....
el peine

برس
....
el cepillo

د ویښتانو وچونکی
....
el secador

د ویښتانو سپری
....
la laca

میک اپ
....
el maquillaje

لیپ ستیک
....
el pintalabios

د نوکانو پالش
....
el pintauñas

کاټن وری
....
el algodón

ناخن ګیر
....
el cortauñas

عطر
....
el perfume

د مېذخلو کۇوره

el estuche de viaje

سټول

la banqueta

د وزن کولو تله

la balanza

د حمام پوښاک

el albornoz

د ربر دستکش

los guantes de goma

تامپون

el tampón

صحیی جان پاک

la compresa

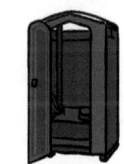

کیمیکل تشناب

el inodoro químico

د ماشوم خونه

la habitación de los niños

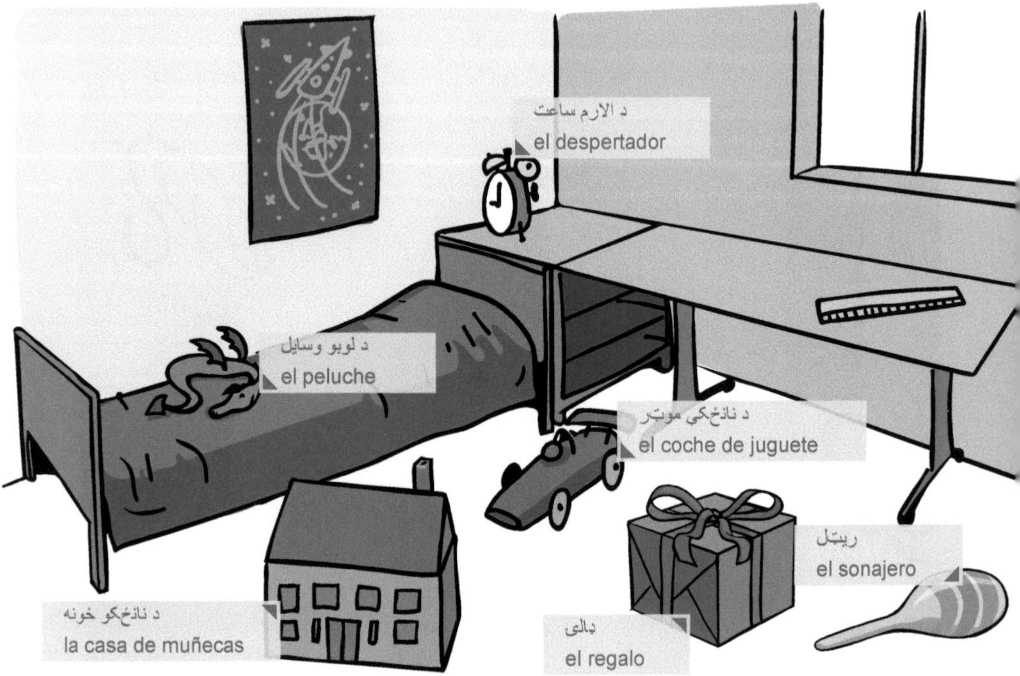

د الارم ساعت
el despertador
د لوبو وسایل
el peluche
د نانځکي موټر
el coche de juguete
ریتل
el sonajero
د نانځکو خونه
la casa de muñecas
ډالۍ
el regalo

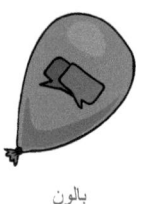

بالون

el globo

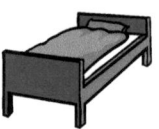

تخت

la cama

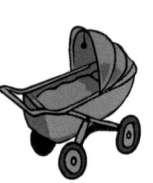

کالسکه

el coche de niño

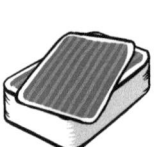

د لوبو ورقي

los naipes

جیګسا

el puzle

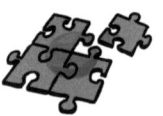

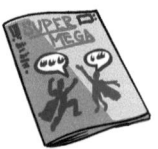

مسخره

el tebeo

ليګو بريک
las piezas de lego

د ناژخکو بلاک
los bloques de juguete

د اکشن فيګور
la figura de acción

د ماشوم پوښاک
el bodi (de bebé)

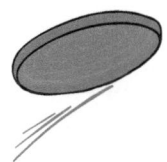

فريزبي
el frisbee

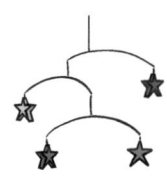

موبايل
el colgador móvil para
bebés

بورډ لوبه
el juego de mesa

تاس
los dados

مادل ريل سيټ
el circuito de tren eléctrico

ګونګشی
el maniquí

پارتي
la fiesta

د عکسونو البوم
el álbum de fotos

بال
la pelota

ناژخکه
la muñeca

لوبيدل
jugar

د شگو کنده

el cajón de arena

سوينگ

el columpio

نانځکي

los juguetes

د ويډيو لوبو کنسول

la videoconsola

نترای سايکل

el triciclo

ګوډکه

el oso de peluche

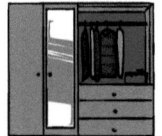

د کالو الماری

la guardarropa

پوښاک

la ropa

جرابي

los calcetines

لوړي جرابي

las medias

تايتس

los leotardos

ژروکی
la bufanda

چتری
el paraguas

تي شرت
la camiseta

کمربند
el cinturón

بوټان
las botas

سلیپر
las zapatillas

سنیکر
las deportivas

سینډل
las sandalias

بوټان
los zapatos

د ربر بوټان
las botas de goma

زیرنیکري
el slip

سینه بند
el sostén

واسکټ
el chaleco

بادي

el bodi

پتلون

los pantalones cortos

جينز

los vaqueros

لمن

la falda

بلاوز

la blusa

شرت

la camisa

بنيان

el jersey

سويتر

el suéter

بليزر

el blazer

جاكت

la chaqueta

كوت

el abrigo

د باران كوت

la gabardina

پوښاک

el traje

كالي

el vestido

د واده پوښاک

el vestido de novia

دريشي

el traje

د شپې پوښاک

el camisón

پاجامه

el pijama

ساري

el sati

لوپټه

el bandana

پټکی

el turbante

برقه

la burka

كفتن

el caftán

عبا

la abaya

د لامبو پوښاک

el traje de baño

نيكر

el bañador

شارت

los pantalones cortos

د خُغاستي پوښاک

el chándal

پيش بند

el delantal

دستكش

los guantes

بټن

el botón

عینک

las gafas

لاس بند

el brazalete

غاړه کۍ

el collar

ګوتمه

el anillo

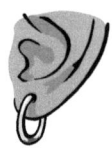

غوږوالۍ

el pendiente

خولۍ

la gorra

کوټ بند

la percha

خولۍ

el sombrero

نتايي

la corbata

څنڅير

la cremallera

هیلمیټ

el casco

ترونکي

los tirantes

د ښروونځي یونیفارم

el uniforme

یونیفارم

el uniforme

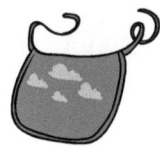

بیب

el babero

ګـونـګـشـی

el maniquí

نيپي

el pañal

دفتر

la oficina

سرور
el servidor
د دوسیه الماری
el archivo
پرينټر
la impresora
ورق
el papel
مانيټور
el monitor
ماوس
el ratón
ډیسک
el escritoria
فولډر
la carpeta
کي بورډ
el teclado
اشغالدانی
la papelera
کمپیوټر
el ordenador
چوکی
la silla

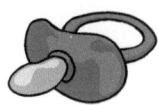

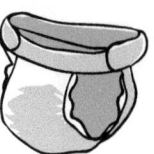

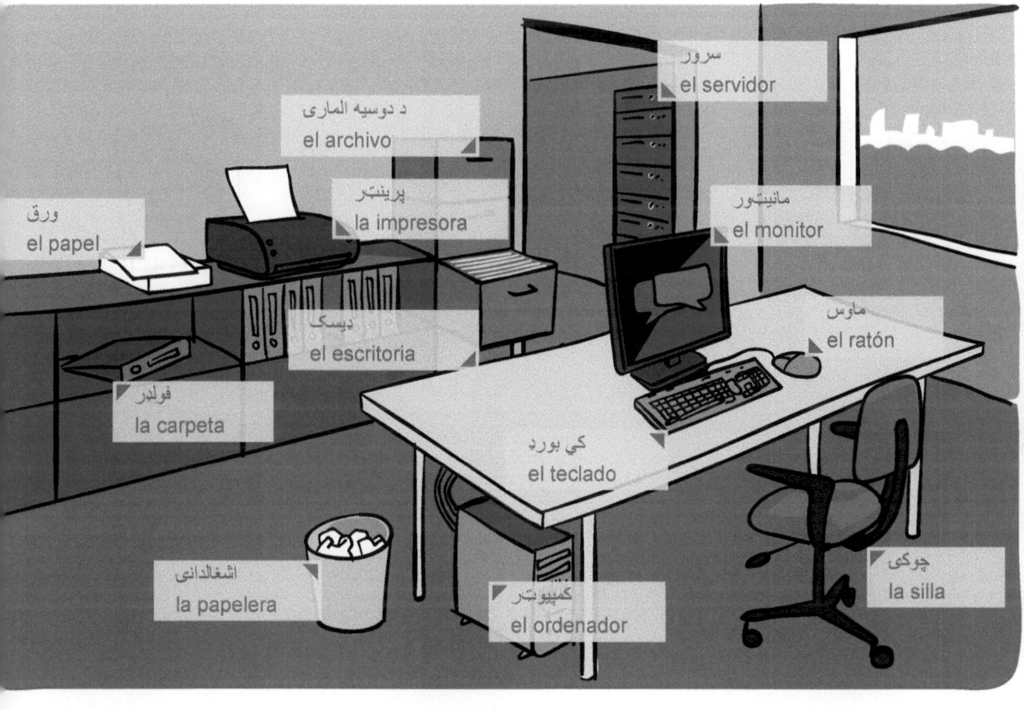

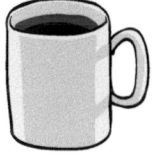

د کافي پياله

la taza de café

کالکولیټر

la calculadora

انټرنیټ

el internet

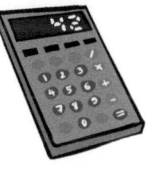

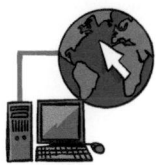

لپ ٹاپ

el portátil

لیک

la carta

پیغام

el mensaje

موبایل

el móvil

نیٹورک

la red

فوٹوکاپیر

la fotocopiadora

سافٹویر

el software

ٹلیفون

el teléfono

پلگ ساکٹ

la toma de corriente

فکس مشین

el fax

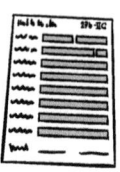

فارم

el formulario

سند

el documento

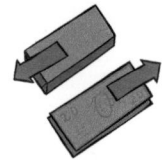

پيرل

comprar

تاديه كول

pagar

سوداګري كول

comerciar

پيسي

el dinero

 **USD**

ډالر

el dólar

 **EUR**

يورو

el euro

 **JPY**

ين

el yen

 **RUB**

ربل

el rublo

 **CHF**

سويسي فرانک

el franco suizo

 **CNY**

رينمينبي يوان

el renminbi yuan

 **INR**

روپۍ

la rupia

د نغدي پيسو څای

el cajero automático

د اسعارو د تبادلی دفتر
....
la oficina de cambio de
divisas

سره زر
....
el oro

سپین زر
....
la plata

تیل
....
el petróleo

انرژي
....
la energía

نرخ
....
el precio

قرارداد
....
el contrato

مالیه
....
el impuesto

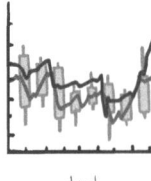

اسهام
....
la acción

کار کول
....
trabajar

کارمند
....
el empleador

کار ګومارونکی
....
el empleador

فابریکه
....
la fábrica

پلورنځی
....
la tienda de campaña

مسلکونه
los oficios

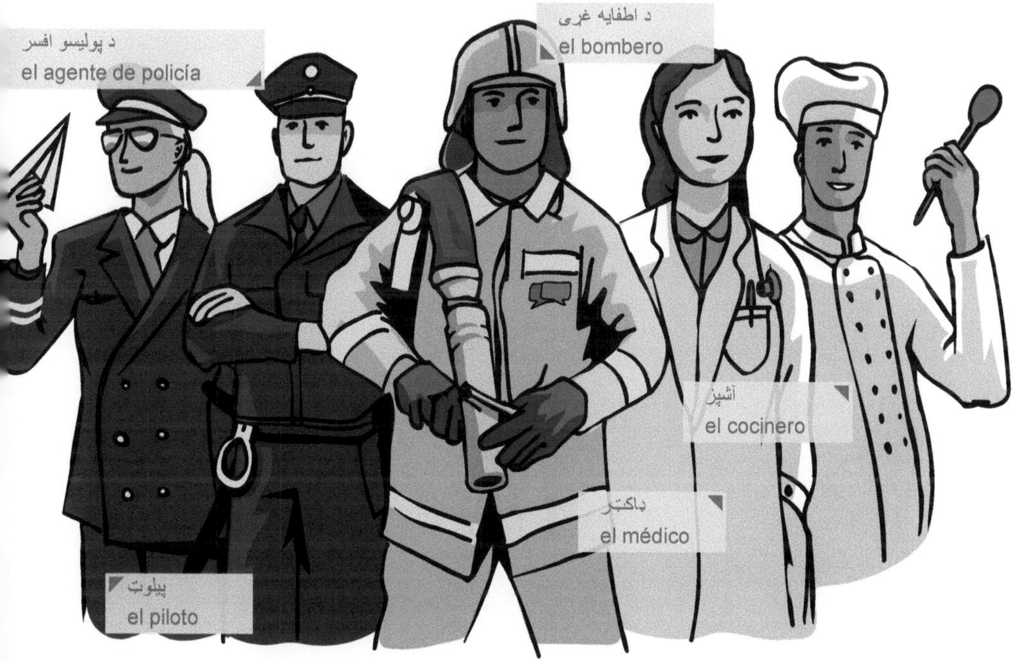
د پولیسو افسر
el agente de policía
د اطفایه غری
el bombero
آشپز
el cocinero
ډاکټر
el médico
پیلوت
el piloto

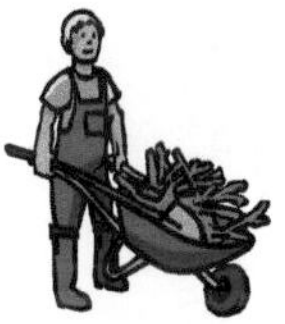

باغوان
el jardinero

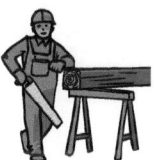

نجار
el carpintero

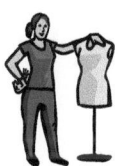

خیاط
la costurera

قاضي
el juez

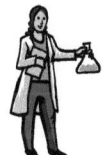

کیمیا پوه
el farmacéutico

د فلم لوبغاړی
el actor

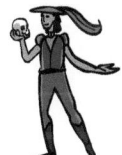

د بس ډرايور

el conductor de autobús

د ټيکسي ډرايور

el taxista

کب نيونکی

el pescador

خدمه

la señora de la limpieza

بام جوړونکی

el techador

پيشخدمت

el camarero

ښکاري

el cazador

نقاش

el pintor

نانوا

el panadero

د برښنا کارکونکی

el electricista

تعمير جوړونکی

el obrero

انجنير

el ingeniero

قصاب

el carnicero

نلدوان

el fontanero

پوست رسونکی

el cartero

سرتیری
el soldado

مهندس
el arquitecto

صراف
el cajero

مالیار
el florista

نایی
el peluquero

کلیندر
el revisor

میکانیک
el mecánico

کپتان
el capitán

د غاښونو ډاکتر
el dentista

ساینس پوه
el científico

بنـاغلی
el rabino

امام
el imán

مذهبي نفر
el monje

پادري
el sacerdote

لوازم
las herramientas

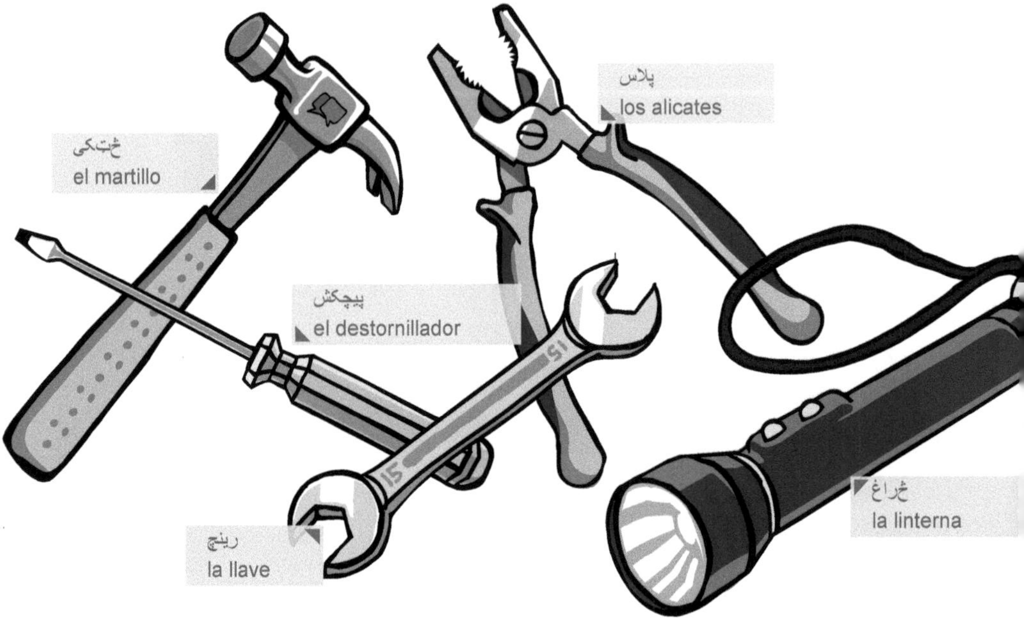

څټکی
el martillo
پلاس
los alicates
پیچکش
el destornillador
رینچ
la llave
ځراغ
la linterna

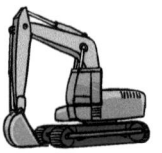

کنستونکی

la excavadora

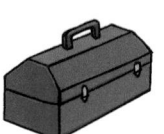

د لوازمو بکس

la caja de herramientas

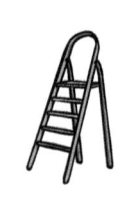

زینه

la escalera de mano

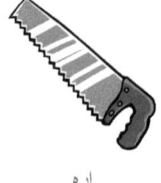

اره

la sierra

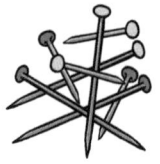

میخونه

los clavos

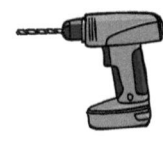

برمه

el taladro

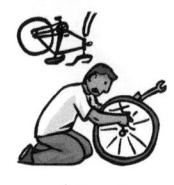

ترمیم کول

reparar

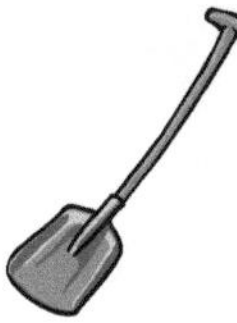

بیل

la pala

لعنت!

¡Maldita sea!

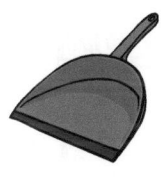

خاک انداز

el recogedor

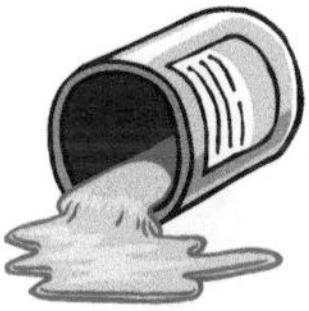

مشواڼی

el bote de pintura

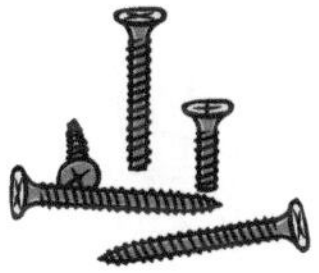

پیچونه

los tornillos

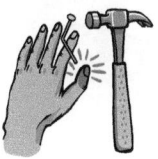

د میوزیک آلات

los instrumentos musicales

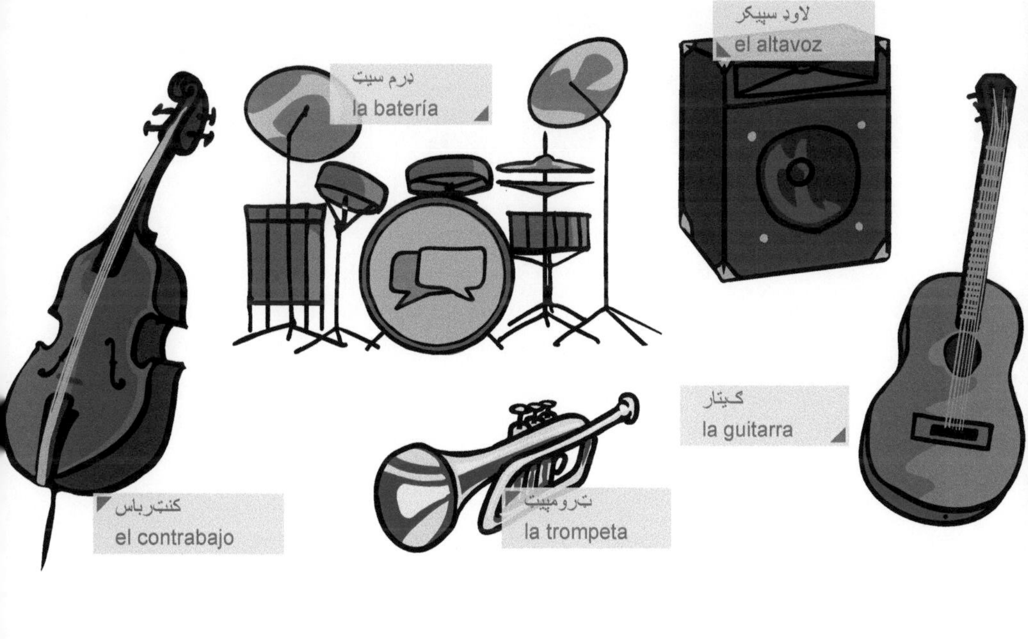
لاود سپیکر
el altavoz
درم سیټ
la batería
ګیتار
la guitarra
کنټرباس
el contrabajo
ټرومپیټ
la trompeta

پیانو

el piano

وایلن

el violín

باس

bajo

نغاره

los timbales

درمونه

el tambor

کي بورډ

el teclado

سیکسافون

el saxofón

شپیلۍ

la flauta

مایکروفون

el micrófono

ژوبڼ

el zoo

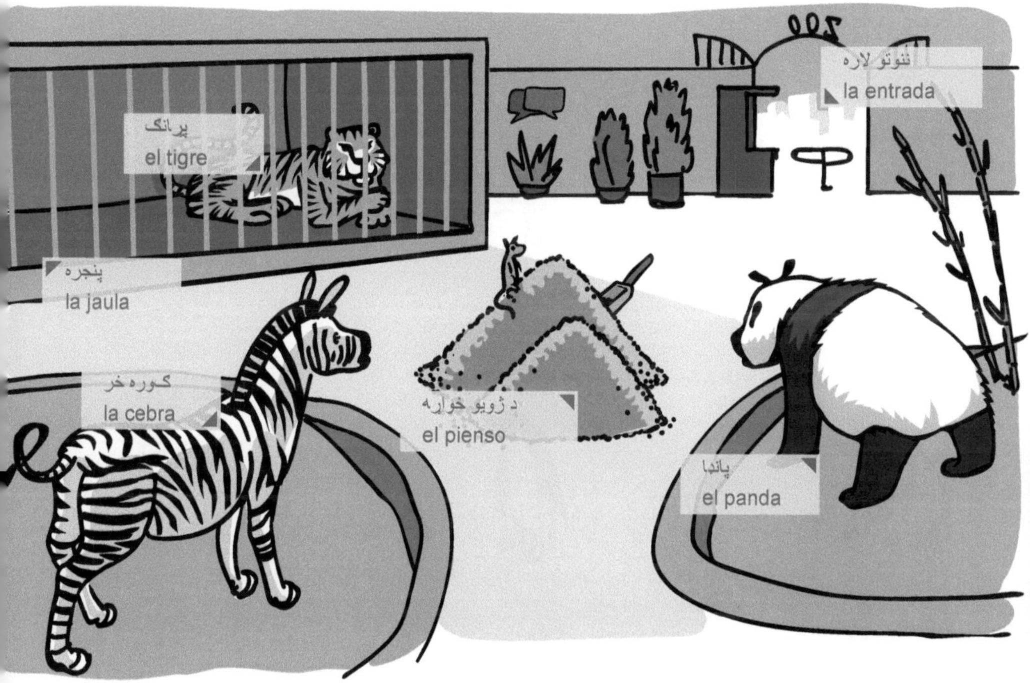

ننوتو لاره
la entrada
پړانګ
el tigre
پنجره
la jaula
ګوره خر
la cebra
د ژویو خواره
el pienso
پانډا
el panda

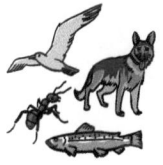

ژوی

los animales

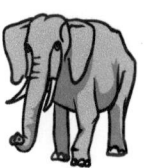

هاتي

el elefante

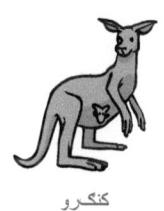

کنګرو

el canguro

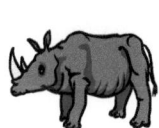

د اوبو اسپ

el rinoceronte

ګوریلا

el gorila

ایږه

el oso

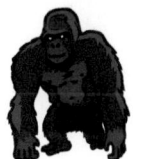

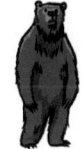

اوشب
el camello

شترمرغ
el avestruz

زمرى
el león

بيزو
el mono

غزى
el flamingo

طوطي
el loro

قطبي ايره
el oso polar

پينگـوين
el pingüino

شارک
el tiburón

طاوس
el pavo real

مار
la serpiente

تمساح
el cocodrilo

ژوبن ساتونکى
el guardián de zoológico

سيل
la foca

جگـوار
el jaguar

يابو

el poni

پرانگ

el leopardo

هيپو

el hipopótamo

زرافه

la jirafa

باز

el águila

نرخوگ

el jabalí

کب

el pescado

شمشتی

la tortuga

سمندري نولی

la morsa

گيدره

el zorro

هوسی

la gacela

امریکایی فټبال
el fútbol americano

سایکل چلول
el ciclismo

تنیس
el tenis

باسکیټبال
el baloncesto

لامبو
la natación

باکسینګ
el boxeo

د کنګل هاکي
el hockey sobre hielo

فټبال
el fútbol

کسیزه
el bádminton

د خغاستي لوبی
el atletismo

د هندبال
el balonmano

سکي
el esquí

پولو
el polo

خندل
reír

تروپ وهل
saltar

غاړه ورکول
abrazar

کرخيدل
caminar

سندري ويل
cantar

خوب ليدل
soñar

عبادت کول
rezar

مچو کول
besar

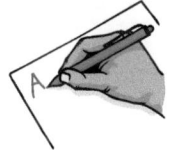

ليکل
escribir

کښل
dibujar

ښودل
mostrar

ټيله کول
empujar

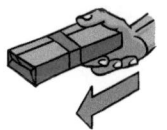

ورکول
dar

اخيستل
tomar

درلودل
....
tener

کول
....
hacer

پاييدل
....
ser

ودريدل
....
estar de pie

منډې وهل
....
correr

راکښل
....
tirar

ګوزارل
....
tirar

لويدل
....
caer

څملاستل
....
yacer

انتظار کول
....
esperar

وړل
....
llevar

کښيناستل
....
estar sentado

پوښاک اغوستل
....
vestirse

ويده کيدل
....
dormir

پاڅيدل
....
despertar

فعاليتونه - las actividades

كتل

mirar

ژړل

llorar

بريد كول

acariciar

كمنځ كول

peinar

خبري كول

hablar

پوهېدل

entender

غوښتل

preguntar

اورېدل

escuchar

څښل

beber

خورل

comer

پاكول

ordenar

مينه كول

amar

پخلى كول

cocinar

موټر چلول

conducir

الوتل

volar

بېرۍ چلول

navegar

حساب

calcular

لوستل

leer

زده کول

aprender

کار کول

trabajar

واده کول

casarse

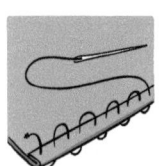

ګنډل

coser

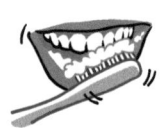

د غاښونو برس کول

cepillarse los dientes

وژل

matar

سګرت څښل

fumar

لېږل

enviar

نیا
la abuela

نیکه
el abuelo

پلار
el padre

مور
la madre

ماشوم
el bebé

لور
la hija

زوی
el hijo

ميلمه
....
el invitado

ترور
....
la tía

كاكا/ماما
....
el tío

ورور
....
el hermano

خور
....
la hermana

el cuerpo

تندی
la frente

سترګني
el ojo

اوږه
el hombro

ګوته
el dedo

مخ
la cara

زنه
la barbilla

لاس
la mano

سينه
el pecho

پښه
la pierna

منت
el brazo

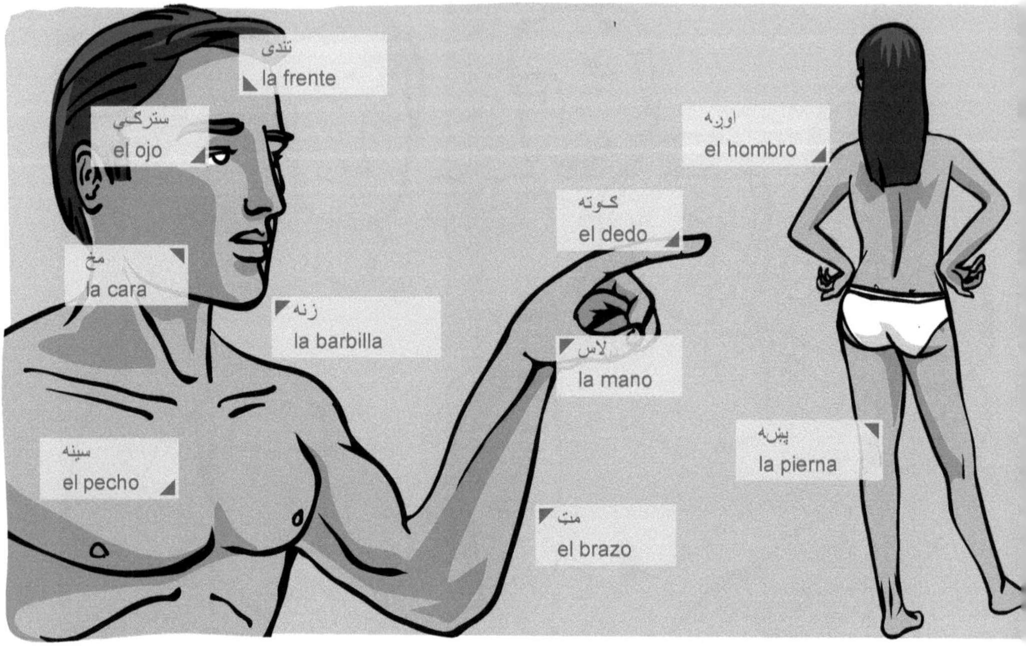

ماشوم
....
el bebé

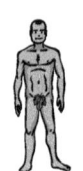

سړی
....
el hombre

ښځه
....
la mujer

انجلۍ
....
la chica

هلک
....
el chico

سر
....
la cabeza

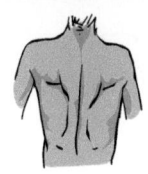

شا

la espalda

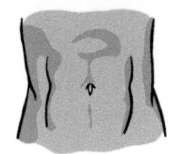

خیټه

el vientre

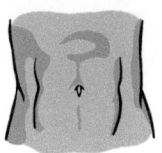

نوم

el ombligo

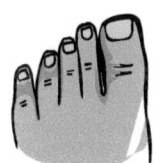

د پښې ګوته

el dedo del pie

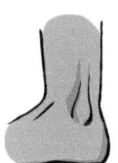

پونده

el talón

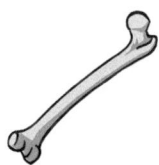

هډوکی

el hueso

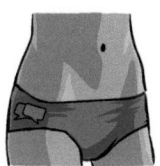

کوناتی

la cadera

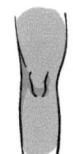

زنګون

la rodilla

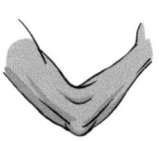

څنګل

el codo

پوزه

la nariz

لاندي برخه

el trasero

پوټکی

la piel

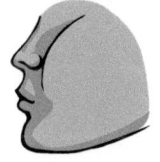

غومبوری

la mejilla

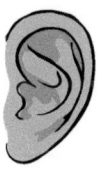

غوږ

el oído

شونډه

el labio

خوله

la boca

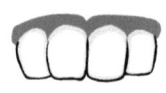

غاښ

el diente

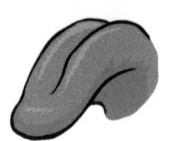

ژبه

la lengua

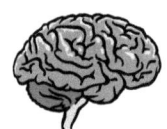

مغز

el cerebro

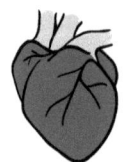

زړه

el corazón

عضله

el músculo

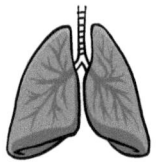

سږى

el pulmón

ځيګر

el hígado

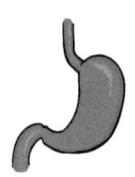

معده

el estómago

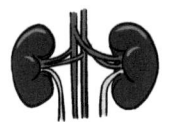

پښتورګي

los riñones

جنسي نږدي والى

el sexo

كاندوم

el condón

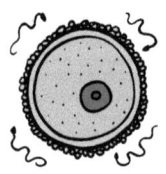

تخمه

el ovario

مني

el semen

حمل

el embarazo

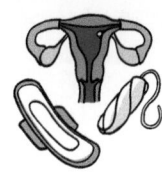

حيض
....
la menstruación

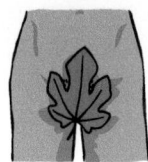

مهبل
....
la vagina

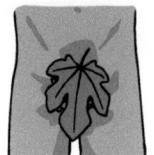

د نارينه تناسلي آله
....
el pene

وروځی
....
la ceja

ويښته
....
el pelo

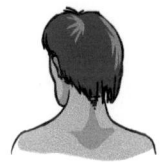

غاړه
....
el cuello

روغتون

el hospital

روغتون
el hospital
امبولانس
la ambulancia
ويل چير
la silla de ruedas
کسر
la fractura

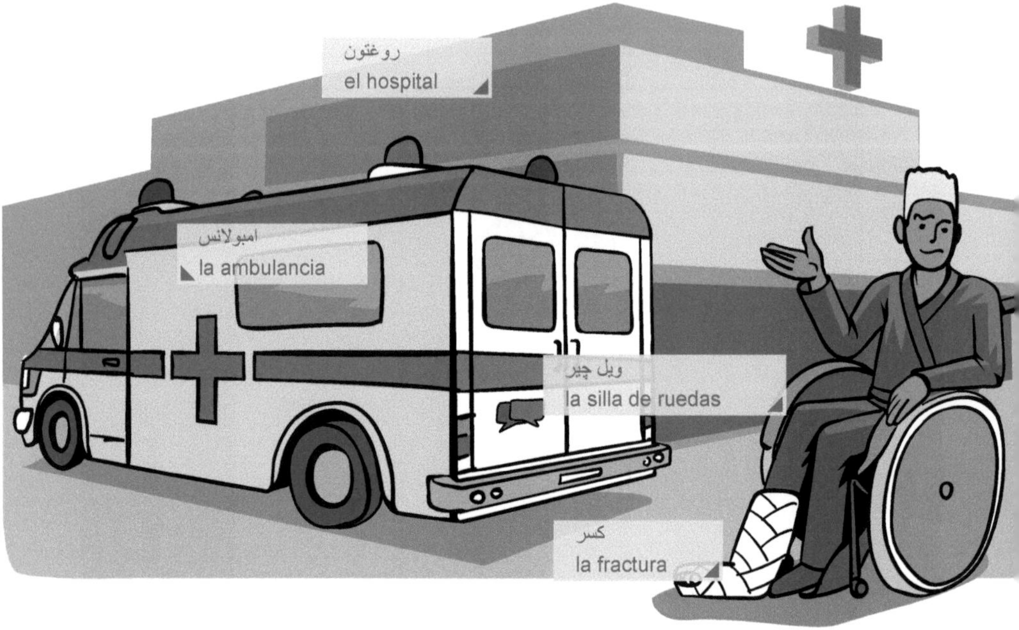

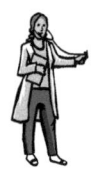

ډاکټر

el médico

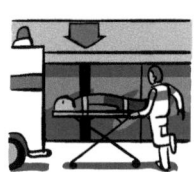

عاجل خونه

la sala de urgencias

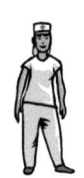

رنځورپال

la enfermera

عاجل

la urgencia

بې هوش

inconsciente

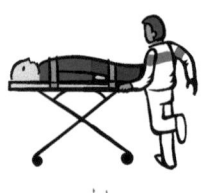

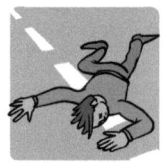

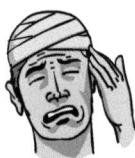

درد

el dolor

پتپ
la lesión

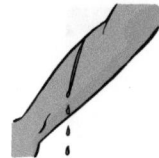

لدیوت هنیو
la hemorragia

د زره حمله
el infarto

ضرب
el ictus

حساسیت
la alergia

ټوخی
la tos

تبه
la fiebre

انفلوینزا
la gripe

نس ناستی
la diarrea

سر درد
el dolor de cabeza

سرطان
el cáncer

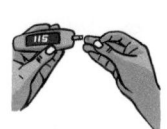

شکر
la diabetes

جراح
el cirujano

سکالپل
el bisturí

عملیات
la operación

سیـرتی

TAC

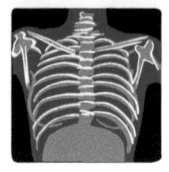

ایکس ری

los rayos x

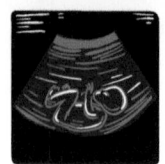

الـتراساونـد

el ultrasonido

د مخ ماسک

la mascarilla

ناروغی

la enfermedad

انتظار خونه

la sala de espera

امسآ

la muleta

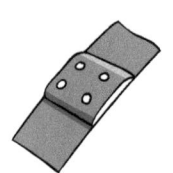

پلستر

la tirita

بنداژ

la venda

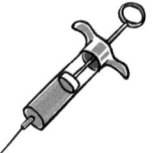

تزریق

la inyección

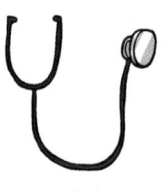

ستاتسکوپ

el estetoscopio

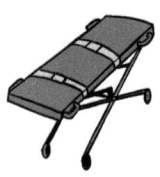

تسکیره

la camilla

کلینکي ترماميتـر

el termómetro

زیرون

el nacimiento

زیات وزن

el sobrepeso

د اوريدو مرسته

el audífono

د عفونيت څخه پاکونکي مواد

el desinfectante

عفونیت

la infección

ویروس

el virus

ایچ.آی.وی/ایدز

VIH / SIDA

درمل

la medicina

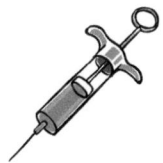

واکسین

la vacunación

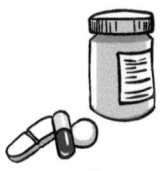

ټابلیټس

las tabletas

کولۍ

la pastilla

عاجل تلیفون

la llamada de urgencia

د وینې د فشار ځارونکی

el tensiómetro

ناروغ/روغ

enfermo / sano

la urgencia

مرسته!

¡Socorro!

الارم

la alarma

يرغل

el asalto

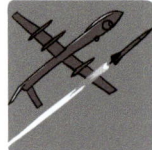

بريد

el ataque

خطر

el peligro

عاجل لاره

la salida de emergencia

اور!

¡Fuego!

د اور وژونکی

el extintor de incendios

پیښه

el accidente

د لومړی مرستي لوازم

el botiquín de primeros auxilios

ايس.او.ايس

SOS

پوليس

la policía

la tierra

اروپا

Europa

شمالي امريكا

Norteamérica

سهيلي امريكا

Sudamérica

افريقا

África

آسيا

Asia

آستريليا

Australia

اتلانتيک

el atlántico

پاسيفيک

el Pacífico

د هند بحر

el Océano Índico

جنوبي منجمد بحر

el Océano Antártico

د شمال قطب بحر

el Océano Ártico

شمالي قطب

el polo norte

سهيلي قطب

el polo sur

انتـاركتـيكا

La Antártida

خمکه

la tierra

خمکه

la tierra

بحر

el mar

نتـايو

la isla

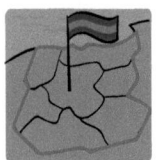

ملت

la nación

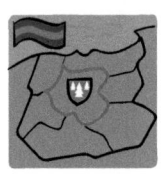

دولت

el estado

د مخي ساعت
....
la esfera

د ساعت ستنه
....
la manecilla de las horas

د دقیقي ستنه
....
el minutero

د ثانیی ستنه
....
el segundero

څه وخت دی؟
....
¿Qué hora es?

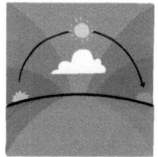

ورځ
....
el día

وخت
....
el tiempo

اوس
....
ahora

ډیجیټل ساعت
....
el reloj digital

دقیقه
....
el minuto

ساعت
....
la hora

la semana

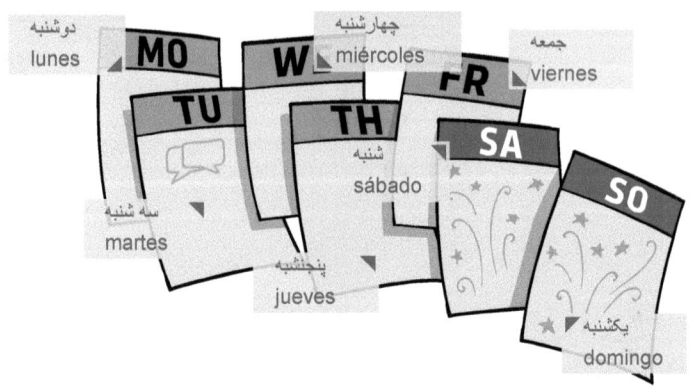

دوشنبه
lunes

چهارشنبه
miércoles

جمعه
viernes

سه‌شنبه
martes

شنبه
sábado

پنج‌شنبه
jueves

یکشنبه
domingo

پرون
....
ayer

نن
....
hoy

سبا
....
mañana

سهار
....
la mañana

غرمه
....
el mediodía

ماښام
....
la tarde

MO	TU	WE	TH	FR	SA	SU
1	2	3	4	5	6	7
8	9	10	11	12	13	14
15	16	17	18	19	20	21
22	23	24	25	26	27	28
29	30	31	1	2	3	4

كاري ورځي
....
los días laborables

MO	TU	WE	TH	FR	SA	SU
1	2	3	4	5	6	7
8	9	10	11	12	13	14
15	16	17	18	19	20	21
22	23	24	25	26	27	28
29	30	31	1	2	3	4

د اونۍ پای
....
el fin de semana

کال

el año

باران
la lluvia
رنګين کمان
el arcoíris
واوره
la nieve
باد
el viento
پسرلی
la primavera
منی
el otoño
اوړی
el verano
ژمی
el invierno

4.APRIL 11°
5.APRIL 4°
6.APRIL 13°
7.APRIL 8°
8.APRIL 10°

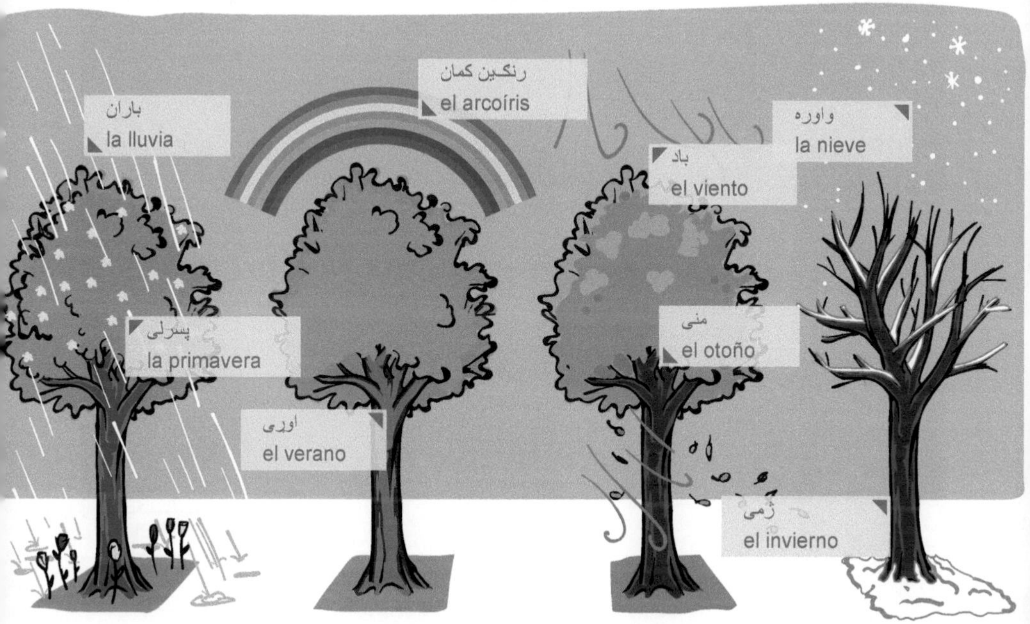

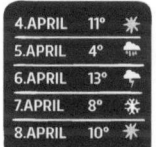

د موسم وړاندوینه

el pronóstico del tiempo

F C
120 40
90 30
60 20
30 10
0 0
-30 -10
-20

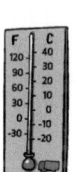

ترمومیټر

el termómetro

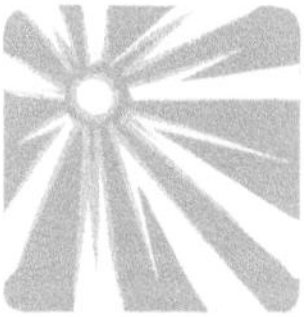

د لمر وړانګې

el sol

وریځ

la nube

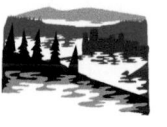

لړه

la niebla

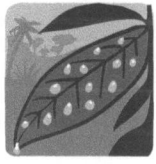

رطوبت

la humedad

رعنا
....
el rayo

تندر
....
el trueno

توفان
....
la tormenta

ژلۍ وریدل
....
el granizo

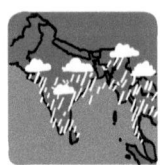

مون سون باران
....
el monzón

سیلاب
....
la inundación

يخ
....
el hielo

جنوري
....
enero

فبروري
....
febrero

مارچ
....
marzo

اپریل
....
abril

مى
....
mayo

جون
....
junio

جولای
....
julio

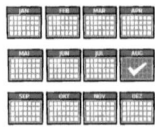

اکست
....
agosto

سپتمبر
....
septiembre

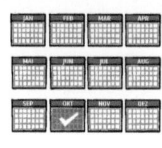

اكتوبر
....
octubre

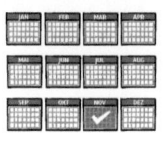

نومبر
....
noviembre

دسمبر
....
diciembre

شكلونه
las formas

دايره
....
el círculo

مربع
....
el cuadrado

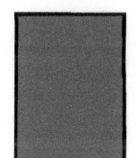

مستطيل
....
el rectángulo

مثلث
....
el triángulo

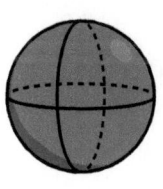

توپ
....
la esfera

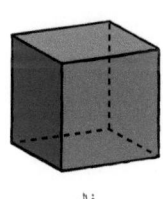

فال
....
el cubo

colores

سپين
....

blanco

ژير
....

amarillo

نارنجي
....

anaranjado

کـلابي
....

rosa

سور
....

rojo

ارغواني
....

morado

نيلي
....

azul

شين
....

verde

نسواري
....

marrón

خر
....

gris

تور
....

negro

خورا ډير/خورا لږ

mucho / poco

قار/ارام

enojado / tranquilo

ښکلی/بدشکله

bonito / feo

پیل/پای

principio / fin

لوی/کوچنی

grande / pequeño

روښانه/تیاره

claro / oscuro

ورور/خور

el hermano / la hermana

پاک/ککر

limpio / sucio

مکمل/نامکمل

completo / incompleto

ورځ/شپه

el día / la noche

مړ/ژوندی

muerto / vivo

پراخه/نرى

ancho / estrecho

د خوراک وړ/نه خوړل کیدونکی

comestible / no comestible

بد/مهربان

malo / amable

پاریدلی/بی خونده

entusiasmado / aburrido

چاق/اوچ

gordo / delgado

لومړی/وروستی

primero / último

ملګری/دښمن

el amigo / el enemigo

ډک/تش

lleno / vacío

سخت/نرم

duro / blando

دروند/سپک

pesado / ligero

لوږه/تنده

el hambre / la sed

ناروغ/روغ

enfermo / sano

غیرقانونی/قانونی

ilegal / legal

هوښیار/ساده

inteligente / tonto

کین/ښی

izquierda / derecha

نزدې/لرې

cerca / lejos

روز/ازوین

nuevo / usado

هیڅ/یو څه

nada / algo

بدا/ځوان

viejo / joven

چالان/بند

encendido / apagado

خلاص/تړلی

abierto / cerrado

غلی/لور غړ

silencioso / ruidoso

بدايه/غريب

rico / pobre

صحیح/غلط

correcto / incorrecto

زبر/ملایم

áspero / suave

خفه/خوښ

triste / contento

لنډ/اوږد

corto / largo

سست/گرندی

lento / rápido

لوند/اوچ

húmedo / seco

گرم/یخ

cálido / frío

جګړه/سوله

guerra / paz

0

صفر

cero

1

يو

uno

2

دوه

dos

3

دري

tres

4

څلور

cuatro

5

پنځه

cinco

6

شپږ

seis

7

اوه

siete

8

اته

ocho

9

نهه

nueve

10

لس

diez

11

يولس

once

12
دولس
doce

13
ديارلس
trece

14
ژوارلس
catorce

15
پنځخلس
quince

16
شپارس
dieciséis

17
وولس
diecisiete

18
اتلس
dieciocho

19
نولس
diecinueve

20
شل
veinte

100
سل
cien

1.000
زر
mil

1.000.000
ميليون
el millón

los idiomas

انګلسي
....
el inglés

امريکايي انګلسي
....
el inglés americano

چینایی مندرین
....
el chino madarín

هندي
....
el hindi

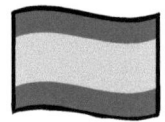

هسپانوي
....
el español

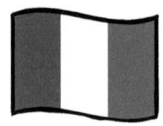

فرانسوي
....
el francés

عربي
....
el árabe

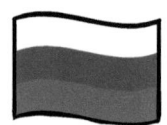

روسي
....
el ruso

پرتګالي
....
el portugués

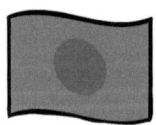

بنګالي
....
el bengalí

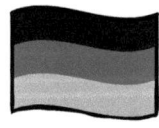

آلماني
....
el alemán

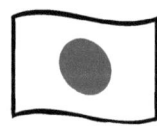

جاپاني
....
el japonés

زه

yo

ته

tú

هغه/د غه/دا

él / ella / ello

مورږ

nosotros/as

تاسي

vosotros/as

دوی/هغوی

ellos/as

څوک؟

¿quién?

څه؟

¿qué?

څنګه؟

¿cómo?

چيري؟

¿dónde?

كله؟

¿cuándo?

نوم

el nombre

dónde

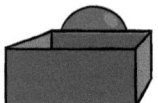

شاته
detrás

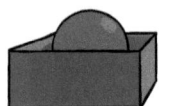

په
en

په مخه کي
delante de

باندي
por encima de

په
sobre

لاندي
debajo de

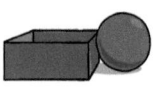

برسيره پر
junto a

ترمينځخ
entre

ځای
el lugar